DOCUMENTS AUTHENTIQUES

SUR

LES BIENS

DE LA

FAMILLE D'ORLÉANS.

Paris. — Imprimerie de H. CARION, père, rue Richer, 20.

DOCUMENTS AUTHENTIQUES

SUR

LES BIENS

DE LA

FAMILLE D'ORLÉANS

RECUEILLIS PAR

Alexandre DE LASSALLE & Louis DE LA ROQUE.

PRIX : 1 FRANC.

PARIS.

CHEZ H. CARION, PÈRE, IMPRIMEUR-ÉDITEUR,

Rue Richer, 20.

1852.

I.

Le décret du 22 janvier 1852, relatif aux biens de la famille d'Orléans, est sans contredit l'acte le plus important du nouveau gouvernement de Louis-Napoléon Bonaparte.

Il n'en est aucun dont l'opinion publique se soit plus vivement préoccupée, et auquel l'esprit de parti ait plus cherché à enlever sa véritable signification.

Pour bien apprécier cet acte de justice et de réparation nationale, dont l'honorable M. Jules Favre avait fait, sous la Constituante, l'objet d'une proposition que les intrigues parlementaires ne permirent même pas à son auteur de développer;

il est indispensable de rechercher les éléments et de connaître l'origine de l'immense fortune de la famille d'Orléans.

Ce travail que nous venons de faire en dehors de toute préoccupation politique, et dans l'intérêt seul du droit et de la vérité, nous le livrons au public, persuadé qu'il viendra jeter quelque lumière sur une question palpitante d'émotion et qui regarde la nation tout entière.

Tous les faits avancés dans cet écrit sont empruntés aux autorités les plus respectables et nous les indiquons scrupuleusement, afin que nos lecteurs puissent en vérifier eux-mêmes l'exactitude.

Toutes les citations sont empruntées aux auteurs qui ont écrit sous le règne de Louis-Philippe, et dont les allégations n'ont jamais été contestées.

Si, contre notre attente, et malgré tous nos soins, il s'était glissé quelques erreurs dans ce travail dicté par la conscience, nous nous ferions un devoir de les réparer aussitôt qu'elles nous seraient signalées,

Nous ne nous dissimulons pas qu'il y a de la témérité à venir aujourd'hui exprimer une opinion sur une question si importante : mais elle nous a paru en même temps d'une simplicité telle, que le simple bon sens pouvait et devait la résoudre, malgré les arguties et les subtilités de M. Dupin.

Le public en décidera.

II.

La famille d'Orléans a toujours été, depuis Louis XIV, la plus riche de toutes les familles princières de l'Europe.

Nous pourrions même citer grand nombre de familles régnantes qui ne jouissent pas comme Louis-Philippe, avant de monter sur le trône, d'un revenu de 8 millions.

M. de Cormenin avait donc raison d'interpeller en ces termes Louis-Philippe, lorsqu'il était dans la plénitude de sa puissance :

« Vous le savez, sire, votre fortune personnelle « est immense. Vous possédiez avant de monter « sur le trône, si je ne me trompe, *en bois seule-* « *ment,* pour 7,493,000 francs de rentes. » (*Lettres sur la Liste civile,* page 150.)

Les biens, composant la fortune personnelle de Louis-Philippe au 7 août 1830, peuvent se diviser en trois classes :

1° Biens provenant des apanages du duc du Maine et du comte de Toulouse qu'il a recueillis du chef de la duchesse d'Orléans, sa mère ;

2° Biens composant l'apanage de la maison d'Orléans ;

3° Biens patrimoniaux.

III.

Apanages du duc du Maine et du comte de Toulouse.

Le duc du Maine et le comte de Toulouse, enfants naturels de Madame de Montespan et de Louis XIV, furent légitimés par ordonnances royales de décembre 1673 et novembre 1681. D'immenses apanages furent constitués, à l'un et à l'autre, par des ordonnances royales postérieures.

Le duc du Maine mourut le premier et laissa deux enfants : le prince de Dombes et le comte d'Eu qui ne laissèrent, après eux, aucune postérité.

Leurs apanages furent réunis à ceux de Louis-

Alexande de Bourbon, comte de Toulouse, qui mourut à son tour ne laissant qu'un enfant mâle, le duc de Penthièvre, unique héritier de son immense fortune et de sa charge de grand amiral de France. Il fut nommé gouverneur de la province de Bretagne dont il possédait plus d'un *sixième*.

Ce prince eut de son mariage avec Marie-Félicité d'Est, duchesse de Modène, deux enfants : le prince de Lamballe, mort sans postérité à l'âge de 20 ans (1768), et Marie–Louise-Adélaïde de Bourbon Penthièvre, mariée à Louis-Philippe-Joseph d'Orléans-Égalité.

Le vertueux duc de Penthièvre mourut paisiblement dans son château de Vernon, au mois de mars 1793, et ses apanages considérables durent, conformément aux ordonnances qui les avaient constitués et aux lois qui les régissaient, être réunis au domaine de l'État, puisqu'il ne laissait qu'une fille.

L'ordonnance de Charles IX, du 9 février 1566, considérée comme loi fondamentale en cette matière, déclare que *le domaine de la couronne ne peut être aliéné qu'en deux cas seulement : l'un pour l'apanage des puinés mâles de la maison de France, auquel cas il y a retour à la couronne* PAR LEUR DÉCÈS SANS MALES.

Cette doctrine se trouve confirmée dans l'édit du mois de mars 1661, et celui du mois de mai 1711. Ce dernier qui fut donné pour interpréter les termes *d'hoirs successeurs et ayant cause* contenus dans les ordonnances royales, porte dans son article 4 :

« Par les termes d'hoirs, successeurs et ayants
« cause tant insérés dans les lettres d'érection ci-
« devant accordées qu'à insérer dans celles qui
« pourraient être accordées à l'avenir, *ne seront*
« *et ne pourront être entendus que les enfants*
« *mâles descendants de celui en faveur de qui*
« *l'érection aura été faite et que les mâles qui en*
« *seront descendus de mâle en mâle en quelque*
« *ligne et degré que ce soit.* »

En un mot, les biens constitués en apanage détachés du domaine de la couronne ne pouvaient jamais tomber en quenouille, c'est-à-dire aux mains des femmes, pas plus que la couronne elle-même.

Une ordonnance royale du 20 août 1814, que *le Moniteur* ne fait que mentionner dans son numéro du 4 septembre, les rendit, au mépris de cette législation, à Madame la duchesse d'Orléans, veuve de Philippe-Égalité.

Cette princesse mourut le 22 juin 1821, et par son testament légua les deux tiers de ses biens au duc d'Orléans, son fils (depuis Louis-Philippe), et l'autre tiers à Madame Adélaïde, sa fille; la jouissance des biens composant l'ancien duché d'Aumale, à Marie-Amélie.

Ces biens qu'on peut sans exagération évaluer de 35 à 40 millions, doivent constituer en partie la donation du 7 août 1830 et le testament de Madame Adélaïde.

IV.

Apanage de la maison d'Orléans.

Louis XIV, par un édit du mois de mars 1661, enregistré au parlement le 10 mai suivant, constitua à Philippe d'Orléans, son frère, à titre d'apanage, et jusqu'à concurrence de 200,000 livres de rente, les duchés *d'Orléans, de Valois, de Chartres* et la *Seigneurie de Montargis* qui formaient l'apanage de Gaston, frère de Louis XIII.

Il fut dressé un procès-verbal du produit de ces biens qui fit paraître une diminution de revenus, et des édits postérieurs ajoutèrent plusieurs domaines à l'apanage, entr'autres *le Duché de Nemours, le Comté de Dourdan* et *Romoran-*

tin, le Marquisat de Coucy et *Follembray* (24 avril 1672)

Le Palais-Royal, que Richelieu avait donné à la couronne et que Louis XIV habita pendant les troubles de la fronde, en fut détaché, et donné au duc d'Orléans par ordonnance du roi de février 1692.

Enfin l'apanage de la maison d'Orléans s'augmenta successivement par les libéralités de Louis XV.

(Voir les ordonnances des 17 juillet 1740, 28 janvier 1751 et 17 décembre 1766.)

A tel point, qu'en 1790 il offrait un revenu de 4,100,000 livres qui dépassait celui des apanages réunis du comte de Provence, depuis Louis XVIII, et du comte d'Artois, depuis Charles X. (*Moniteur* du 15 août 1790.)

La loi du 21 décembre 1790, qui n'a jamais encore été rapportée, *supprima* les apanages alors existants, et défendit d'en créer à l'avenir.

Elle accorda à chacun des anciens apanagis-

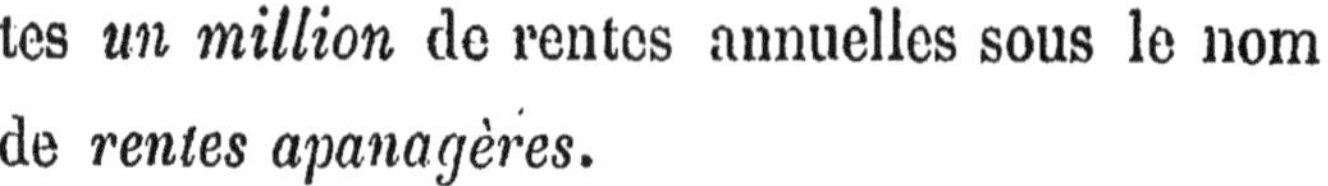

tes *un million* de rentes annuelles sous le nom de *rentes apanagères*.

Dès ce moment, les biens formant les anciens apanages firent retour au domaine de l'Etat, et les décrets relatifs à la vente des biens nationaux leur furent applicables en vertu de la loi précitée.

Aussitôt après la promulgation de cette loi, tous les domaines de l'apanage d'Orléans furent immédiatement réunis au domaine de l'Etat et occupés par ses agens.

Cette loi fut rendue sur le rapport de M. Enjubault. Nos lecteurs nous sauront gré de mettre sous leurs yeux quelques-unes des considérations de l'honorable rapporteur :

« Les apanages réels présentent des inconvé-
« niens capables de les faire à jamais proscrire.
« De grandes possessions territoriales sont tou-
« jours accompagnées d'une grande puissance ;
« elles pourraient, dans des temps malheureux,
« favoriser l'ambition et conduire à une indé-
« pendance dangereuse.

« S'il subsistait quelques doutes sur la préfé-
« rence due au traitement pécuniaire, l'établis-
« sement de la liste civile suffirait pour les dis-
« siper. Il serait contre toutes les convenances
« d'accorder aux princes des jouissances fon-
« cières, tandis que le monarque chef de leur
« maison serait réduit à un simple traitement
« annuel. »

Voici les considérants dont il fait précéder le décret adopté par l'assemblée constituante :

« L'Assemblée nationale, considérant que les dé-
« crets qui ordonnent l'aliénation des portions les
« plus intéressantes du domaine public, sont sur le
« point de recevoir leur exécution ; que dans ce
« nouvel ordre de choses, il ne pourra plus être
« concédé, à l'avenir, d'apanages réels ; que pour
« donner à ces décrets une plus ample exécution,
« et pour établir l'uniformité qui doit régner entre
« toutes les parties de la même administration, il
« est indispensable d'ordonner *la suppression* des
« apanages anciennement concédés ; que cette sup-
« pression ne peut être injuste, puisque les conces-

« sions obtenues par les apanagistes ne leur ont
« transmis aucun droit de propriété ni même d'u-
« sufruit; qu'elles ne contiennent qu'une simple
« cession de fruits, dont l'effet doit cesser dès que
« la nation, toujours libre entre différents modes
« de paiement, préfère s'acquitter d'une autre ma-
« nière : considérant enfin que la composition res-
« pective des apanages actuels est d'ailleurs vi-
« cieuse et illégale, en ce qu'elle a eu pour base des
« évaluations arbitraires et évidemment frauduleu-
« ses, et qu'on y a compris plusieurs branches de
« revenu que la nature et la disposition des lois pré-
« existantes ne permettent pas d'y faire entrer. »

Décrète, etc. (Suit la loi précitée.)

En effet, sous la République, sous le Direc-
toire, sous l'Empire, jusqu'à la Restauration, en
un mot, nous trouvons ces biens confondus dans
le domaine de l'Etat.

En 1814, les Bourbons de la branche aînée, à
leur rentrée en France, reconnurent la législation de 1790, et Louis XVIII ne constitua pas d'a-
panages en faveur des fils de France; M. le comte

d'Artois ne reprit pas les siens, et conformément à la loi de 1790, reçut pour lui et les princes de sa famille des *rentes apanagères.*

Mais ce qu'il y a de plus curieux, c'est de voir le duc d'Orléans, le futur roi-citoyen, celui qui dans toutes ses paroles a voulu se donner comme représentant seul la monarchie constitutionnelle et personnifiant les principes de 1789, solliciter, auprès de Louis XVIII, la reconstitution de ses apanages.

« La présence de M. le duc d'Orléans rappelait
« aux Bourbons trop d'amers souvenirs pour
« que l'attitude de ce prince ne fut point con-
« trainte et fausse à la cour de Louis XVIII. Ce
« n'était qu'à force de soumission que S. A. S.
« pouvait parvenir à atténuer les antipathies que
« son nom inspirait aux Tuileries. De plus une
« question bien autrement importante que des
« dédains de palais, la question de l'ancien apa-
« nage d'Orléans *qui avait fait retour au do-*
« *maine de l'Etat,* était déjà l'objet de toutes les
« sollicitudes du prince. Louis XVIII avait pro-

« mis la restitution de cet immense patrimoine;
« mais un acte de la volonté royale ne rassurait
« pas le prince, qui, pour plus de sécurité, vou-
« lait obtenir à tout prix la sanction d'une loi.
« *Tous les scrupules de dignité s'évanouirent*
« *devant cette puissante considération.* Plusieurs
« tentatives furent hasardées, mais en vain, pour
« faire que la réintégration du duc d'Orléans dans
« l'apanage de sa maison, fut présentée aux
« chambres conjointement avec la liste civile (1). »

Louis XVIII se borna à rendre à la date des 18 et
20 mai, 17 septembre et 7 octobre 1814, des ordonnances royales en vertu desquelles, tous les biens
non aliénés dont Louis-Philippe Joseph d'Orléans-
Egalité avait joui *à quelque titre* et *sous quelque*
dénomination que ce soit furent restitués au duc
d'Orléans, son très cher et bien aimé cousin et
à Louise Adélaïde Eugénie d'Orléans, sa sœur (2).

« Le Palais-Royal et le parc de Mousseaux se-

---

(1) Sarrans, t. I, p. 112.
(2) Voir le *Moniteur* du 18 octobre 1814.

« ront rendus, avec leurs dépendances, à notre
« très cher cousin le duc d'Orléans.

« 18 mai 1814. »

« Tous les biens appartenant à notre très cher
« et bien aimé cousin le duc d'Orléans, qui n'ont
« pas été vendus, *soit qu'ils soient régis par*
« *l'administration de notre domaine, soit qu'ils*
« *soient employés à des établissements publics,*
« lui sont restitués.   « 20 mai 1814. »

Ces deux ordonnances que nons n'avons pas
trouvées au *Moniteur*, sont rapportées par Ron-
donneau, et au tome xix, pag. 42 et 43 de la col-
lection Baudouin.

Jusqu'à la mort de Louis XVIII, toute la fortune du duc d'Orléans ne reposa donc que sur
de simples ordonnances toujours révocables *qui*
n'indiquaient pas même à quel titre il possédait.

Charles X toujours bienveillant jusqu'à l'im-
prudence pour la maison d'Orléans, promit à son
cousin, de faire sanctionner son apanage par
une loi en même temps qu'il lui conférait le
titre *d'altesse royale* que Louis XVIII n'avait

jamais voulu lui accorder parce que le duc d'Orléans n'était pas prince du sang.

Il *commanda* à ses ministres d'en insérer la
disposition dans la loi sur sa propre liste civile.
C'était le seul moyen d'obtenir cette sanction,
car tout le monde savait que si l'on en eut fait
une proposition de loi séparée, elle eut été re-
poussée par les chambres.

Encore eut-on besoin de faire intervenir la
volonté du roi : *il dit lui-même*, aux députés
les plus influents, *qu'il en regarderait le rejet
comme une injure personnelle.*

Aussi le rapporteur, M. Vaublanc, a-t-il soin
de dire :

« Votre commission croit que par un sentiment
« de convenance plus facile à saisir qu'à expri-
« mer nous devons adopter la loi telle qu'elle
« nous est présentée. »

Malgré toutes ces précautions une imposante
minorité se prononça contre l'article 4 ainsi
conçu :

« Les biens restitués à la branche d'Orléans

« en exécution des ordonnances des 18 et 20
« mai, 17 septembre et 8 octobre 1814 prove-
« nant de l'apanage constitué par les édits des
« années 1661 , 1672 , 1692 à Monsieur frère
« du roi Louis XIV pour lui et sa descendance
« masculine continueront à être possédés aux
« mêmes titres et conditions par le chef de la
« branche d'Orléans, jusqu'à l'extinction de sa
« descendance mâle auquel cas ils feront retour
« au domaine de l'Etat. »

Comme le disait l'honorable M. Bourdeau :

« La législation de 1790 est confirmée par un
« des derniers articles de la charte, et l'article
« 4 y substitue sans discussion, sans exposé de
« motifs, sans avoir représenté en rien les avan-
« tages ou les inconvéniens de la loi de 1790,
« un autre droit, une autre législation *à celle qui*
« *régit maintenant les apanages.*

M. de Villèle , alors ministre des finances , et
défenseur, par ordre, de l'article 4, fut obligé
d'avouer que cette loi n'avait été rapportée par
aucune loi ; que les ordonnances n'avaient rien

établi à cet égard ; que le conseil des ministres avait été extrêmement embarrassé ; qu'on s'était occupé beaucoup et longtemps de la question difficile et délicate (1).

Parmi les défenseurs des prétentions du duc d'Orléans, nous trouvons le général Foy.

« *La mémoire de cet orateur restée chère à la nation, couvre l'apanage !* s'écrie emphatiquement Mᵉ Dupin, mais il ne dit pas que le général Foy était, sous la restauration, du parti Orléaniste.

« Le côté gauche, dit M. Capefigue dans son
« histoire de la Restauration, avait pris des enga-
« gements envers le prince, et le général Foy
« se montra très féodal en remuant tous les vieux
« souvenirs de la monarchie. Je crois que dès
« cette époque (1825), une fraction de la gauche,
« et le général Foy particulièrement, s'étaient
« liés pour un avenir politique avec le duc d'Or-
« léans. »

---

(1) Voir le *Moniteur* du 14 janvier 1825.

M. de Cormenin a donc eu raison de dire :

« La fortune en l'ensevelissant dans le sein

« de ses triomphes oratoires n'a pas voulu que

« le général Foy perdit rien de sa noble et pure

« renommée. S'il eut vécu, il eut été courtisan

« de Louis-Philippe , ministre de la guerre, ma-

« réchal de France, connétable peut-être.

« Il a mieux fait de mourir (1) »

Aussi voyons-nous cette même année 1825,
Louis-Philippe souscrire pour les enfants du général Foy et les combler plus tard de faveurs à
son avénement au trône.

En parlant de la part que le duc d'Orléans
avait prise à la souscription des enfants du général Foy, l'histoire doit conserver le souvenir de la
singulière réponse que fit le duc d'Orléans au roi,
qui lui reprochait cet acte d'opposition :

« Sire, ce n'est pas un acte politique, c'est un

« témoignage d'intérêt privé, la preuve en est dans

« la modicité de mon offrande.»

---

(1) Livre des orateurs.

Ainsi, le duc d'Orléans conciliant ses deux passions dominantes, trouvait le moyen de faire économiquement les affaires de son ambition.

Ce n'était donc que par un abus de pouvoir, et une grave infraction à la Charte que Louis XVIII et Charles X en agirent ainsi envers leur cousin, car ils n'avaient pas le droit de détacher du domaine de l'État les biens qui y avaient été réunis en vertu de la loi de 1790, qui n'a jamais été rapportée.

Ces biens ont été réunis au domaine de l'État par l'avénement de Louis-Philippe au trône, mais pendant toute la Restauration et pendant tout son règne, il en a annuellement perçu l'usufruit de 2,523,000 francs.

V.

Biens Patrimoniaux.

———

Louis-Philippe-Joseph d'Orléans-Égalité, qui périt sur l'échafaud en 1793, laissait à sa mort 74,000,000 de dettes sur ses biens patrimoniaux (1).

Par un concordat du 6 janvier 1792, il avait

———

(1) « L'histoire ne sera que juste lorsqu'elle dira que l'em-
« ploi révolutionnaire qu'il fit de sa prodigieuse fortune
« dans l'intérêt de son ambition personnelle, contribua *plus*
« *que toute autre cause* au renversement du trône de
« Louis XVI, son parent et son maître. »

(M. DE CORMENIN.)

abandonné ses biens à ses créanciers ; ils furent mis aux enchères, l'État les racheta en partie, et paya les dettes jusqu'à concurrence de 37,740,000 francs.

Dans une première liquidation qui eut lieu le 1er mai 1793, Cambacérès et Matthieu furent nommés commissaires par la Convention elle-même.

L'État en resta donc légalement propriétaire jusqu'en 1814.

« Quand les Bourbons rentrèrent en France, « dit M. Capefigue, Louis XVIII, non seulement « paya toutes les dettes que M. le duc d'Orléans « avait contractées en exil, mais il lui rendit « toute la fortune de son père. Ce fut de la part « des Bourbons un bienfait purement gratuit, car « Philippe-Égalité , accablé de dettes, avait par « un honteux bilan abandonné à ses créanciers « tous ses biens que le gouvernement avait ra- « chetés en payant ses dettes. »

« Une nouvelle ordonnance compléta la dona- « tion en lui remettant tous les biens qui avaient

« appartenu à son père, même ceux qui restaient
« comme gage des créanciers non payés, et con-
« tre lesquels on invoqua la prescription, de ma-
« nière que tout fut bien liquide et dégagé de
« toute opposition. » (MICHAUD , *Biographie de
Louis-Philippe*, page 135.)

M. Dupin évalue cette seconde catégorie de
biens à 10 millions.

Voici comment l'abbé de Montesquiou raconte
l'impression que produisit cette libéralité vrai-
ment royale sur M. le duc d'Orléans :

« Depuis 1814, je crois M. le duc d'Orléans,
« très dévoué à la branche aînée. Je me souviens,
« que lorsque j'eus l'honneur de traiter auprès du
« roi Louis XVIII, l'affaire des domaines de S.
« A. S., avec quelles expressions contre la révo-
« lution et contre ce qu'il appelait ses égarements
« de 1789 et de 1792, le duc ne s'expliquait-il
« pas ! Le lendemain, je le trouvai dans le cabi-
« net de Louis XVIII, témoignant toute sa recon-
« naissance au roi ; son altesse royale était d'une
« émotion difficile à dépeindre. C'était justice, il

« s'agissait de la restitution de ses vastes domai-
« nes. »

C'était justice !... MM. Capefigue et Michaud
viennent de montrer la justesse de cette expres-
sion.

Mais les bontés, nous allions dire les faiblesses
de la branche aînée, ne s'arrêtèrent pas là.

M. le duc d'Orléans, dont les biens patrimoniaux, quoique acquis légalement à l'État, comme
nous venons de le voir, lui avaient été rendus,
fut encore, à la sollicitation de Charles X auprès
du Conseil d'État, et contrairement à la volonté de
M. de Villèle, admis pour 17,169,734 fr. 67 c.
dans la liquidation du milliard d'indemnité ac-
cordé aux émigrés par la loi du 17 avril 1825 :

Prélèvements du duc d'Orléans sur le Milliard.

Ardennes	289,209	66
Aube	10,800	»
Côtes-du-Nord	333,138	81
Côtes-d'Or	46,686	14
Eure	1,696,130	93
Eure-et-Loir	1,871,026	28
Indre-et-Loire	1,083,258	52
Loir-et-Cher	102,403	16
Loiret	549,613	32
Manche	72,122	43
Marne (Haute)	1,515,221	54
Oise	254,251	80
Orne	124,168	30
Seine	3,777,715	10
Seine-Inférieure	804,644	98
Seine-et-Marne	2,851,963	99
Seine-et-Oise	345,247	20
Somme	1,442,132	64

Total de l'indemnité dans 18 départements...... 17,169,734 67

Ces *dix-sept millions* doivent faire partie de la donation du 7 août 1830.

En mentionnant ici tous les biens acquis par le duc d'Orléans sous la Restauration , et qui doivent aussi faire partie de la donation du 7 août, il nous serait facile d'arriver au chiffre de *deux cents millions*, fixé par le décret du 22 janvier.

Nous dirons seulement aujourd'hui que le duc d'Orléans avait, sous la Restauration, des capitaux immenses en rentes sur l'État et que ses intrigues contribuèrent à faire échouer en 1824, avant qu'il eut touché sa part d'indemnité sur le milliard, le projet de la réduction de la rente à trois pour cent proposé par M. de Villèle.

« Enfin, dit M. Capefigue, l'immense fortune « du duc de Bourbon, était l'objet des désirs du « duc d'Orléans. »

On peut l'estimer à 50 millions.

« Le duc de Bourbon la destinait au duc de Bor-

« deaux et à sa sœur. Charles X consentit à ce
« qu'elle fut léguée au fils du duc d'Orléans. La
« Dauphine et Madame la duchesse de Berry, con-
« tribuèrent à déterminer le duc de Bourbon : et
« quand cette affaire, si importante pour Louis-
« Philippe, fut terminée, la duchesse de Berry,
« qui affectionnait beaucoup son oncle et sa
« tante, s'écria pleine de joie :

« Ah! tant mieux, ces d'Orléans sont de si
« bonnes gens ! »

Mais pour dire toute la vérité, nous rappel-
lerons que M. le duc d'Orléans avait une alliée puissante dans madame de Feuchères, qui
cherchait alors un patron assez influent pour la
faire recevoir à la cour, *d'où elle avait été chas-
sée par Louis XVIII*, et pour lui assurer la jouissance de legs énormes (10 millions) qu'elle obte-
nait de la faiblesse d'un vieillard.

Cependant, le duc de Bourbon ne consentit à
laisser l'héritage des Condés à la famille d'Orléans, que dans la prévision, où tout le monde
était alors, que le duc de Bordeaux serait roi.

Après la révolution de 1850, il voulut aller rejoindre la famille royale exilée et le 20 août 1850 au matin, deux jours avant son départ, on trouvait son cadavre suspendu par le col à l'espagnolette de Saint-Leu. . . . .

. . . .

M. Alfred Nettement dans son histoire de Louis-Philippe, après avoir raconté cet épisode avec quelques détails, trop longs pour trouver place ici, s'exprime en ces termes, page 96 :

« Nous croyons que l'histoire a le droit de
» conclure que le duc de Bourbon est mort as-
» sassiné : que la responsabilité du crime est
» sur la mémoire de Sophie Dawes, baronne
» de Feuchères ; que la responsabilité de l'im-
» punité de la baronne de Feuchères est sur la
» conscience de Louis-Philippe d'Orléans, qui a
» cru avoir intérêt à ce que la femme à qui il
» devait l'héritage du duc de Bourbon ne montât
» pas sur l'échafaud. La chute de Louis-Philippe
» ne nous fera pas ajouter un mot de plus contre
» lui. L'historien ne doit rien dire au-delà de

» ce qui lui paraît évident. Rien ne prouve que
» le duc d'Orléans ait été complice du crime :
» tout porte à croire qu'il en a désiré l'impunité.
» Des hommes bien placés pour connaître cette
» affaire ont assuré que d'abord la baronne de
» Feuchères ayant su que le duc de Bourbon
» avait fait un testament depuis les journées de
» 1830, en faveur de Henri de France (comte de
» Chambord) et de Mademoiselle (sa sœur) et
» qu'il devait le remettre à M. de Choulot, s'était
» décidée au crime pour s'emparer du testament.
» Maitresse du testament après la sinistre nuit
» de Saint-Leu , elle n'avait pas laissé ignorer au
» duc d'Orléans, que le jour où elle serait en
» cour d'assises , le testament serait produit en
» public. On assure en outre que Louis-Philippe
» avait un motif impérieux pour protéger son
» ancienne alliée; c'est que la baronne de Feu-
» chères possédait une lettre dans laquelle il lui
» mandait d'empêcher *à tout prix* le départ du
» duc de Bourbon pour l'étranger. Sophie Dawes
» ayant commenté d'une manière sinistre ce

mot imprudent *à tout prix*, le duc d'Orléans
» devait appréhender, dit-on, que la lettre,
» objet du commentaire meurtrier, ne fût pro-
» duite au grand jour de l'audience. »

Nous raconterons peut-être un jour quel a
été le sort de ce fameux testament et de la cor-
respondance de Louis-Philippe avec la Feuchères.

VI.

Rappelons maintenant en quelques mots comment le duc d'Orléans répondait à toutes ces libéralités.

Depuis sa rentrée en France, sa vie fut une conspiration perpétuelle contre ses bienfaiteurs; l'excès de bonté amena l'ingratitude après lui: c'est dans l'ordre.

Aux libéralités de Louis XVIII il répond, pendant les cent jours, par deux mémoires qu'il adressa au Congrès de Vienne, et dans lesquels, tout en expliquant les causes qui avaient amené le renversement de la maison de Bourbon en 1789 et 1814, il veut suggérer au Congrès qu'il saura éviter l'écueil contre lequel Louis XVIII venait de se briser.

Au lieu d'aller à Gand auprès du Roi qui l'y avait mandé deux fois, il se rend à Londres et ne rentre en France qu'en 1816.

En 1816, il a une main dans la conspiration du malheureux Didier, à Grenoble : autrement la haute fortune de M. Barthe après 1830, est inexplicable.

Dès 1820, et surtout depuis 1825, cette année marquée par tant de faveurs de la part de Charles X, et jusqu'à la fin de la Restauration, nous le voyons grouper autour de lui les patriotes de 1789, recueillir dans son cabinet les mécontents de toutes les époques, recevoir en secret les chefs de l'opposition , attaquer sévèrement dans les épanchements intimes la marche du gouvernement établi.

Ses projets étaient si avancés en 1827, que Stanislas Girardin, à son lit de mort, put lui dire en lui pressant la main :

J'ai du moins le bonheur d'emporter au tombeau la pensée que vous serez roi,

Il fut roi le 7 août 1830,

Ce jour-là, Louis-Philippe, contrairement aux principes de notre ancien droit public, maintenu par le décret du 21 septembre 1790 et la loi du 8 novembre 1814, qu'aucun acte législatif n'avait révoqué le 9 août 1830, lorsqu'il a accepté la couronne, a consenti en faveur de ses enfants une donation universelle de tous ses biens personnels qui auraient dû être unis au domaine de l'État, conformément à la loi du 8 novembre 1814, ainsi conçue :

« Les biens particuliers du prince qui parvient
« au trône sont de plein droit, et à l'instant mê-
« me, unis au domaine de la nation, et l'effet de
« cette union est perpétuel et irrévocable. »

Ce qu'il y a eu de particulièrement odieux dans l'acte du 7 août, c'est de voir Louis-Philippe soustraire encore au domaine de l'Etat, au mépris de de la législation existante, des biens qui n'auraient jamais dus en être détachés, et que le domaine aurait pu lui réclamer à un double titre, s'il eut existé une autorité compétente pour prononcer l'annulation,

On dit que la loi de 1814 ne s'applique qu'aux rois légitimes.

Nous pourrions répondre d'abord qu'elle est confirmée par un article de la Charte de 1830. Mais Louis-Philippe la considérait si peu lui-même comme abrogée par son titre révolution-naire, que le 7 août 1830, pour l'éluder, dès qu'il sait, à n'en plus douter, qu'il a été nommé roi, il fait la donation de ses biens personnels à ses enfants, en ayant soin d'exclure son fils aîné, sans doute pour épargner à son successeur, car il croyait avoir un successeur, le renouvellement d'une pareille immoralité.

Mais Louis-Philippe ne s'arrêta pas là.

Cette immense fortune, acquise au mépris de toutes nos lois, était destinée à devenir un des plus grands scandales de notre époque.

Il fait doter les membres de sa nombreuse famille par la nation, quoiqu'elle n'y fût tenue, sous l'ancienne monarchie, que comme conséquence de l'abandon que le prince faisait à l'Etat de ses biens personnels, à son avénement au trône.

N'en déplaise à MM. les exécuteurs testamentaires, Louis-Philippe pensait si peu faire une monarchie nouvelle, qu'il cherchait au contraire à reprendre tous les errements de l'ancienne (1), voir même la reconstitution des apanages dont l'institution *était imprégnée de féodalité, selon M. Dupin* (2).

Aussi voyons-nous, en 1837 , demander pour .e duc de Nemours, Rambouillet, les forêts de Sénonches, Châteauneuf et Montecaut, à titre d'apa-

---

(1) Avec quelle complaisance et quelle satisfaction Louis-Philippe n'aimait-il pas à se dire petit-fils de Henri IV ! qui avait, lui, ainsi que tous ses successeurs, réuni ses biens au domaine de la couronne.

(2) Il a été bien mieux éclairé dans cette circonstance que lorsqu'il cherche à insinuer, dans une protestation qu'on lui attribue, que *le principe de la dévolution était une émanation de la féodalité* : car les lois de la Constituante qui avaient aboli tout ce qui touchait à la féodalité, à commencer par les apanages, avaient cependant conservé le principe de la dévolution formellement reproduit dans la loi du 8 novembre 1814.

nage, qu'on peut, sans exagération, évaluer à 40 millions.

C'était à qui en demanderait de l'argent, à qui en aurait, dit le même M. Dupin, qui nous ferait de belles révélations, s'il n'était exécuteur testamentaire de Louis-Philippe et avocat d'icelui depuis bientôt 35 ans.

Aussi, la corruption coulait à pleins bords.

Chacun chez soi, chacun pour soi ! disait l'un, pendant qu'on envahissait toutes les charges publiques.

Enrichissez-vous ! s'écriait l'autre, en s'adressant à tout le monde, et *personne ne se sentait corrompu.*

On a cependant pu, dans une lettre attribuée aux princes d'Orléans, parler des *dix-huit années de paix, de prospérité et de dignité.....*

Mais ce sont des fils, et nous nous arrêtons.

Voilà donc les sources et les éléments de cette fortune qu'on ne peut, nous le répétons, comparer à celle d'aucun prince de l'Europe et dont Louis-

Philippe a joui sous la Restauration, par une bonté inexcusable de la part de la branche aînée. Nous savons comment elle en a été récompensée.

M. Enjubault avait parfaitement raison de dire :

« De grandes possessions territoriales sont tou-
« jours accompagnées d'une grande puissance ;
« elles pourraient dans des temps malheureux fa-
« voriser l'ambition et conduire à une indépen-
« dance dangereuse. »

Nous savons jusqu'où est allée cette ambition et les dangers qu'elle a suscités à notre patrie.

VII.

Procès de Louis-Philippe sous la Restauration.

Les annales judiciaires de la Restauration nous représentent le duc d'Orléans en instance devant les tribunaux de toutes les juridictions, disputant à tout le monde, dès 1814, les débris de ses apanages, de son patrimoine; il plaide contre les acquéreurs de biens nationaux, il plaide contre l'administration des domaines de l'État, il plaide contre la ville de Paris, il plaide contre 300 communes de Bretagne, il plaide contre sa mère elle-même.

Le duc d'Orléans, plus riche qu'il ne l'eût été par la succession directe et immédiate de son père, ne s'occupa, pendant la courte durée de la première Restauration, que d'organiser la gestion de ses domaines, l'intendance de ses finances, son conseil du contentieux et *d'intenter quelques procès* qui, en troublant la sécurité des acquéreurs de domaines nationaux, contribuèrent à amener le 20 mars.

Après la seconde Restauration :

« M. le duc d'Orléans était enfin rentré au pa-
« lais de ses pères où S. A. S. ne semblait domi-
« née que par la pensée d'agrandir son immense
« fortune, objet de ses constantes sollicitudes. A
« l'ardeur avec laquelle il s'abandonnait aux
« soins de ses intérêts domestiques, on eut dit
« qu'à travers toutes les agitations de sa vie, ce
« prince n'avait médité que son apanage.

« Ses premiers loisirs furent employés à inten-
« ter de nouveaux procès qui jetèrent l'alarme
« parmi les acquéreurs des domaines nationaux.
« L'opinion publique ne vit dans cette seconde
« agression contre les droits consacrés par la
« Charte que l'irrésistible conséquence de la sol-
« licitude du prince pour ses intérêts privés.

« Sans exclure ce motif que je crois très réel, je
« pense cependant que l'attention publique n'alla
« point au fond de la pensée de Son Altesse Sé-
« rénissime, et que le côté politique de ces pre-
« miers procès lui échappa.

« Quoiqu'il en soit, ces attaques multipliées
« n'étaient que le prélude d'une action judiciaire
« qui devait bientôt trancher au vif dans la ques-
« tion révolutionnaire. Je veux parler du procès
« contre M. le duc de Bassano, relativement à des
« actions de canaux qui provenaient de l'apanage,
« et que Napoléon avait données en 1815, *en dé-*
« *pôt et gage*, à son ex-ministre, M. Maret. Le
« duc d'Orléans revendiqua ces actions dans l'in-
« térêt de sa fortune et des principes, attendu, di-
« sait-il, qu'un *gouvernement de fait et illégitime*
« n'avait pu les transporter légalement. » (Sar-
bans, *Louis-Philippe et la Contre-Révolution de*
1830, tome I, page 120.)

En 1821, nous le trouvons en instance devant
le Conseil-d'Etat, ayant pour adversaire le minis-

tre des finances, qui défendait les intérêts du Trésor.

Une ordonnance royale du **10** janvier **1821,** déclara que :

« Les ordonnances qui avaient restitué sans réserve aux héritiers du feu duc d'Orléans les biens dépendant de l'apanage de sa maison, avaient compris les arrérages de **2,240** actions de la Tontine d'Orléans, qui leur ont été remis échus et non perçus au jour où ces ordonnances ont été rendues. » (10 janvier **1821.** *Rec. des Arr. du C.- d'Et.*, par Macarel, t. I, p. **37.**)

Vers la fin de l'année **1825,** de cette année qui avait été signalée par tant de bienfaits de la part de la famille royale, quelques nuages s'élevèrent entre le duc d'Orléans et la cour, voici à quelle occasion.

« En inventoriant des actes de famille, les con-
« seils de la branche cadette avaient retrouvé des
« parchemins qui semblaient lui donner des droits
« à la possession d'une grande étendue de dunes,
« marais, prés, landes et bruyères, dont **300** com-

« munes du département de la Manche jouissaient
« paisiblement depuis un temps immémorial. Aus-
« sitôt une action fut ouverte contre 30,000 pro-
« priétaires intéressés dans ce débat. Plusieurs
« mémoires avaient été publiés de part et d'autre,
« et quelques jugements rendus en faveur des
« communes attaquées, lorsque Charles X témoi-
« gna un vif mécontentement de ces poursuites et
« de la déconsidération qu'elles répandaient sur
« les deux branches de la famille. Le Roi rappela
« à S. A. R. le mauvais effet qu'avaient produit ses
« nombreux procès, et particulièrement celui
« qu'elle avait eu le mauvais esprit d'intenter à la
« ville de Paris, relativement à la dérivation des
« eaux de la rivière de l'Ourcq, procès qui avait
« forcé le conseil-général du département de la
« Seine, de constater dans son procès-verbal du 11
« avril 1824, la tenacité d'un prince du sang et
« son mauvais vouloir pour la prospérité de la
« capitale du royaume. — 148-149.

« Il se fit accorder par an pour la prise d'eau
« du canal de d'Ourcq une rente de 30,000, re-

« présentant un capital de 600,000. Le procès-
« verbal de cette séance est très curieux.

« Le duc d'Orléans se retira de l'instance enta-
« mée contre les communes du département de la
« Manche, mais cette instance ne tarda pas à être
« reprise au nom d'une compagnie cessionnaire des
« droits du prince, et l'instruction de cette foule de
« procès était encore pendante en 1834. (SARRANS,
« tom. I, page 156). »

« Madame la duchesse d'Orléans, mère de
« Louis-Philippe, revenue d'exil en 1814, était
« rentrée dans la plus grande partie des biens de
« son père, le vertueux duc de Penthièvre. C'é-
« tait une pure libéralité de la part de Louis
« XVIII.

« Elle donna lieu à quelques discussions en-
« tre la mère et le fils. Celui-ci s'était d'abord
« environné d'avocats processifs et avait formé
« un conseil d'hommes tarés, astucieux, dont
« plus tard il a fait des ministres, des conseillers
« d'État, et qui alors l'assistaient dans ses com-
« plots, et dans cette foule de procès qu'il suscita

« de tous les côtés, même à sa mère dont il con-
« voitait l'héritage.

« De grandes difficultés s'élevèrent bientôt en-
« tre eux et la décision en fut portée au Roi qui
« chargea M. le comte de Bruges de lui faire un
« rapport.

« Comme c'était un homme d'honneur et de pro-
« bité, les conclusions furent toutes en faveur de
« la duchesse, et une ordonnance royale qui ter-
« mina le différend, lui fut portée par le rappor-
« teur lui-même. (MICHAUD, *Biog.* de Louis-Phi-
« lippe, p. 138, 139).

L'apanage d'Orléans, dit M. Dupin *n'a reçu
aucun accroissement pendant la régence. Le duc
d'Orléans, maître de l'État, ne s'est pas même
fait allouer de traitement comme régent.*

C'est vrai, mais il a fait doter ses filles par le
roi de France alors âgé de onze ans.

Le 26 novembre 1721, Louis XV, *âgé de onze
ans*, constitua en dot 500,000 écus d'or à mademoiselle Louise-Elisabeth d'Orléans, fille du Régent, à l'occasion de son mariage avec le prince

des Asturies, héritier présomptif de la couronne d'Espagne.

Le contrat de mariage porte ces mots :

. Le Roi donne et constitue en dot, à la princesse Louise-Elisabeth d'Orléans, la somme de 500 mille écus d'or, et ce pour tous droits paternels et maternels qui pourraient lui écheoir, auxquels elle renonce en faveur de très haut et puissant prince, duc de Chartres, ses frères et les siens.

Le prince des Asturies succéda à Philippe V, sous le nom de Louis Ier, et mourut six mois après son avénement au trône, le 31 août 1724. Mademoiselle d'Orléans revint en France; sa dot ne lui avait pas été payée, des lettres patentes du 11 janvier 1725 la liquidèrent à 4,158,850 livres, dont elle toucha les intérêts jusqu'à sa mort, 1742.

En 1791, le duc d'Orléans-Egalité réclama le paiement de cette somme devant l'assemblée législative.

Dans la séance du 11 janvier 1791, Camus nommé rapporteur proposait le décret suivant :

L'assemblée nationale, sur le compte qui lui a

été rendu au nom du comité de l'extraordinaire et de la direction de liquidation, décrète que la créance de 4,158,850 livres, montant de la dot de Louise-Elisabeth d'Orléans, liquidée par lettres patentes du 11 janvier 1725, sera payée à M. Philippe d'Orléans, de mois en mois, en quatre paiements à compter du 1er janvier 1791.

Ainsi le régent avait doté sa fille aux dépens de la nation et à la décharge du duc de Chartres; et la maison d'Orléans réclamait une somme qu'elle aurait dû payer et dont l'Etat s'était chargé, après qu'elle avait profité de la renonciation de Louise Elisabeth à la succession paternelle et maternelle.

Un représentant du peuple, M. Martineau, dit avec beaucoup de raison, en répondant à Camus :

Si Mademoiselle d'Orléans avait eu des enfants de son mariage et que ses enfants se présentassent aujourd'hui pour recevoir le paiement de la dot, nous n'aurions pas même à délibérer ; ils mériteraient toute la faveur due à la foi d'un contrat de mariage ; mais qui est-ce qui se présente aujourd'hui pour recevoir le paiement de cette dot? C'est l'héritier de celui en faveur de qui Mademoiselle d'Orléans, dotée par la nation, a renoncé à la succession paternelle et maternelle; *c'est à dire celui qui a la chose et voudrait encore en avoir le prix.*

Sur ces sages observations, l'assemblée ordonna l'ajournement du rapport de Camus. On peut consulter à cet égard le *Moniteur* du **12** janvier 1791, page **46**.

Arrêtons-nous à ce fait, car il exprime tous les principes du droit sur la matière qui nous occupe.

Et maintenant que nous avons mis sous les yeux du pays toutes les pièces de ce procès, nous pouvons nous dispenser de conclure.

L'affaire est instruite, comme on dit au palais : trève aux opinions privées.

Le dernier mot n'appartient qu'à la conscience publique.

Paris. — Imprimerie de H. CARION, père, rue Richer, n° 20.